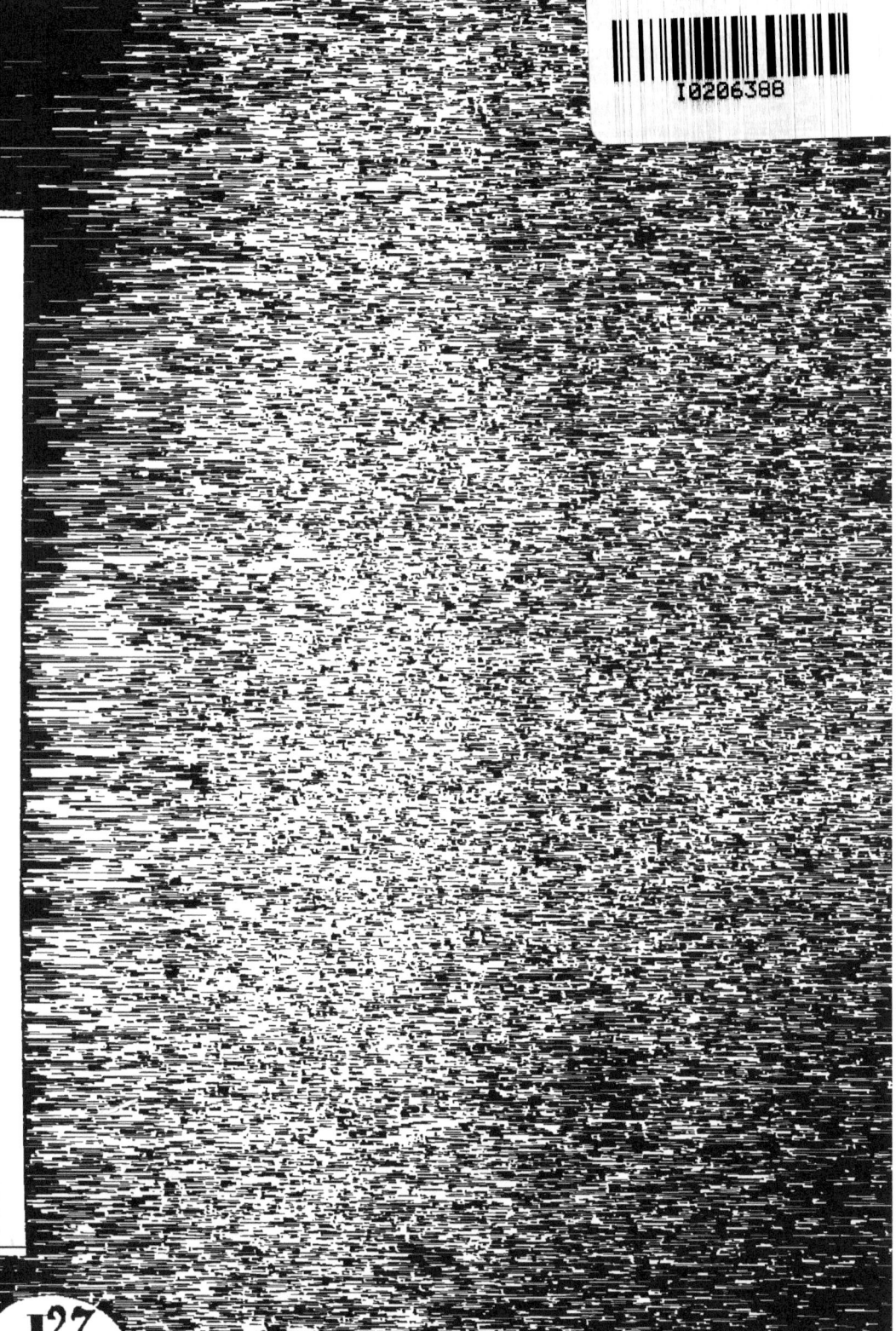

NOTICE

SUR

MGR F. DEYDIER.

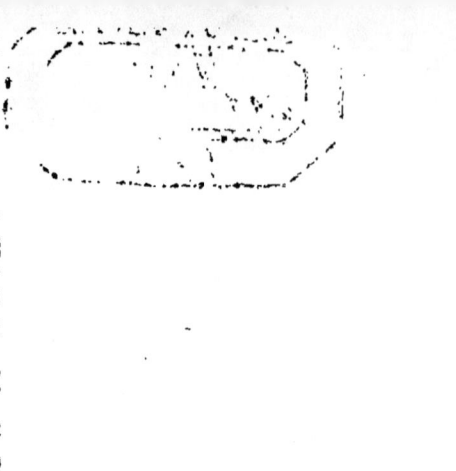

NOTICE

SUR

MGR F. DEYDIER

ÉVÊQUE D'ASCALON (1634-1693)

PAR

l'Abbé V. VERLAQUE.

TOULON

IMPRIMERIE E. AUREL, RUE DE L'ARSENAL, 13.
1866.

NOTICE

SUR

MGR F. DEYDIER [1]

Évêque d'Ascalon (1634-1693).

Cette notice fera connaître la vie d'un homme qui méprisa toutes les jouissances terrestres pour se consacrer à Dieu et se dévouer entièrement à une population encore ensevelie dans les ténèbres de l'idolâtrie.

On travaille depuis quelques années à faire sortir des archives publiques tout ce qu'elles renferment d'intéressant au point de vue de l'histoire et de la religion. Les archives particulières ne sont peut-être pas fouillées avec la même sollicitude. Cette différence s'explique. Conservés avec un culte vigilant et

---

[1] En 1860, la famille Deydier s'unit à celle de Viguier de Pierrefeu. C'est à partir de cette époque que le nom de Pierrefeu fut ajouté à celui de Deydier.

des soins scrupuleux par des mains pieuses mais malheureusement trop souvent ignorantes, ces monuments d'un autre âge tombent rarement sous les yeux d'appréciateurs éclairés en état de les publier. Aussi dois-je remercier hautement la famille de l'illustre apôtre du Tonquin, François Deydier, qui a bien voulu me confier pendant quelque temps les lettres de ce saint évêque et me permettre de les livrer à l'admiration de nos concitoyens.

François Deydier, était d'une illustre extraction.

Parmi les capitaines qui commandaient l'armée de Charles Ier, comte de Provence, nous voyons figurer un nommé Guillaume Deydier, qui se retira à Ollioules en 1250 et s'y maria avec Jeanne de Berre. Un Geoffroy Deydier fut syndic de Toulon de 1425 à 1434. (1) Son fils Jeaume Deydier, fut bailli d'Ollioules et écrivit un ouvrage intitulé : *Livre de raison* sorte de journal biographique embrassant la période de 1472 à 1522. Nous en donnons quelques extraits à la fin de ce travail

Jacques Deydier, fils de Jeaume, fut consul de Toulon en 1516. Son arrière petit-fils Pierre, était constructeur du roi et receveur de ses décimes, (2) il se maria en 1617 avec Marguerite Christian. De ce mariage naquirent trois garçons : André, François et Jacques. L'aîné prit la robe judiciaire et le plus jeune l'épée ; François devint le saint prélat qui fait l'objet de cette notice. Ce dernier naquit le 29 septembre 1634 à Toulon et y fut baptisé le même jour à la cathédrale Sainte-Marie Majeure; il eut pour parrain Laurent Deydier, conseiller du roi et pour marraine Anne Gavoty.

---

(1) Voir le *Bulletin de la Société du département du Var*, 31 et 32me années p. 234. Savant travail sur les *Archives communales de Toulon*, par M. Octave Teissier.

(2) C'est de lui qu'il est parlé dans une notice intitulée : *Les Finances de la commune de Toulon*, publiée par M. Octave Teissier. Habile ingénieur, la marine doit à P. Deydier, l'invention de l'appareil à draguer.

En 1639, la mort vint enlever au jeune François son père et sa mère. L'orphelin fut recueilli avec son frère aîné par son oncle Laurent. Son humeur était vive et caressante ; il possédait déjà cette gaîté sérieuse qui l'accompagna jusqu'au tombeau. Dans les nombreuses réunions d'amis que son parrain rassemblait souvent à la campagne, après avoir charmé l'assemblée par son esprit, le jeune François souvent se séparait de ses compagnons et passait des heures en méditations.

En 1645, il fut envoyé au collége des Pères de l'Oratoire, qui dirigeaient avec beaucoup de succès presque toutes les écoles communales de la France et qui s'étaient établis à Toulon en 1625. Il vint ensuite à Marseille où il suivit le cours de philosophie des Pères de la même congrégation de l'Oratoire. Esprit vif et pénétrant, il fit de grands progrès dans cette science et le 13 mars de cette même année il reçut la tonsure et les quatre ordres mineurs. Dès son entrée dans la cléricature, il fut nommé au prieuré de Saint-Etienne, qui se trouvait dans la paroisse de la Garde, près de Toulon.

Il jouit de ce bénéfice de famille jusqu'à la mort et nous verrons quel usage il fit de ses revenus.

Fatigué par suite d'un travail excessif, la santé du jeune Deydier s'affaiblit ; on essaya vainement de lui faire continuer ses études à Arles et il vint un moment où la vocation s'ébranla et où il songea à rentrer dans la vie séculière. Le P. Gaudemard de l'Oratoire d'Arles parvint à raffermir ses idées et le fit envoyer à Aix en le recommandant d'une manière spéciale au chanoine Aillaud, théologal de la métropole Saint-Sauveur, qui était alors le premier professeur de l'Université. Cette recommandation porta bonheur au jeune homme, qui bien des années après écrivait à son frère : « Après Dieu c'est à M. Aillaud à qui je dois le commencement de ma conversion. »

François Deydier, couronna ses études par le bonnet de docteur qui lui fut conféré après un brillant examen où il soutint des controverses avec les savants professeurs de l'Université d'Aix. Il reçut le diaconat au séminaire diocésain et le 23 avril 1657 il fut ordonné par S. E. Monseigneur le cardinal Grimaldy. Déjà notre jeune prêtre sentait naître en lui le vif désir d'aller conquérir à Jésus-Christ, par la prédication, des âmes encore enveloppées par les ténèbres du paganisme. Il partit pour Paris au mois de juillet 1659, et entra au séminaire des missions étrangères.(1) Le 2 août de la même année il adressa à son frère, conseiller du roi et receveur de ses décimes une lettre ainsi conçue :

« Monsieur et Frère.

« Nous ne sommes pas à nous au tesmoignage de St-Pol et par conséquent nous ne sçaurions sans une manifeste révolte contre Dieu à qui nous appartenons par une infinité de titres disposer de nous mesmes. De plus il est tres constant que Dieu dont la providence règle toutes choses a destiné tous les hommes et spécialement les prestres pour travailler dans certains lieux ou très aysement ils se sauveront par les graces qu'il leur y a préparées au lieu que tres difficilement et avec grande peine ils pourront opérer leur salut aux lieux où Dieu ne les veut point. ...... Si je ne vous ai communiqué rien de mon départ pour la Chine, c'est que j'en estais tout à faict incertain ne l'ayant pas encor si meurement considéré comme j'ay faict des puis et ne sachant point si nos seig les evesques que le pape a créé pour envoyer en ce pays la et que j'espère avoir l'honneur d'y

(1) Congrégation religieuse fondée à Paris en 1633, dans le but d'évangéliser la Chine et le Japon.

accompagner me voudraient recevoir en leur compagnie. Mais maintenant y ayant été admis j'ay cru que je devois vous en advertir pour ne point vous surprendre en vous annonçant mon départ qui va avoir lieu dans deux mois nous nous embarquerons à Rouen ou l'on fait tous les préparatifs de notre voyage...... » Son frère lui répondit le 12 août en objectant l'état de sa santé comme un obstacle dérimant. Le jeune abbé lui répliqua : « ...... Je vous diray que je ne suis si infirme que j'ay esté dans le passé, je connais bien par ma propre expérience que depuis que je suis dans Paris je n'ay ressenty aucune de ces incommodités qui m'ont si fort travaillé autrefois et surtout quand aux maux de teste que d'ailleurs lors de la dernière mission que les jésuistes y firent il n'en échasppa qu'un qu'on estimait, le moins robuste pour les fatigues de ce voyage. Le roy a donné aux evesques qui vont partir pour la Chine le tistres d'ambassadeurs, puis nous avons deux vaisseaux ce qui nous perverera des cruautés commises par les Hollandois contre les jésuites... »

Dans cette même lettre, il fit connaître à son frère ses dernières volontés et disposa de sa fortune. «... Je désire vous faire procuration pour tout ce qui regarde et mon prieuré et mon bien patrimonial j'en désire scavoir la forme avec toutes les précautions en cas de mort. Je désire faicre mon testament et laisser mon bien patrimonial a nostre cadet durant son vivent. Il est bien raysonnable que je fasse pour luy ce qu'il a faict pour moy et qu'après je vous substitue a luy ou vos héritiers en cas qu'il n'ay aucun enfant ou qu'il ne se marie point, car s'il se marie il est a presume que le peu que je lui laisse lui sera nécessaire. » Plus loin il laissa des dots à ses sœurs de lait, déjà nous pouvons juger par ce que nous venons de voir, que son caractère était grand et charitable.

Nous l'avons dit plus haut et d'après une lettre écrite par l'abbé Deydier, les nouveaux évêques missionnaires devaient s'embarquer à Rouen ; mais pour des raisons qui nous sont inconnues, le lieu d'embarquement fut changé, Marseille devint le port de départ. Pendant son séjour dans cette ville, il écrivit plusieurs lettres notamment à MM. Isnard, Larmedieu et Cabasson, prêtres et docteurs en théologie à Toulon. Il leur dit qu'il s'embarquerait en compagnie de monseigneur Catalendy, qu'en partant de Marseille le navire se rendrait à Alep et qu'il aurait à son bord M. Piquet, nouveau consul français envoyé par le gouvernement auprès des autorités de cette ville.

Le jeune Deydier, profita du séjour prolongé qu'il fit à Marseille pour aller encore une fois revoir sa patrie : sa vie exemplaire édifia beaucoup sa famille et ses anciens amis.

On raconte qu'une de ses cousines entra un jour en son absence dans sa chambre et fut effrayée de voir le parquet de l'appartement rougi de sang et plusieurs instruments de pénitence et de macérations horribles pour des yeux non habitués.

Voici un autre fait, que j'ai trouvé dans une lettre écrite le 5 mai 1714 par M. Deydier, archidiacre de Fréjus, au R. P. Bougerel, prêtre de l'Oratoire de Grasse «.... Un jour étant à table avec toute sa famille, plusieurs de ses proches le supplièrent de ne pas les quitter et de finir ses jours au milieu de ceux qui l'aimaient, tandis qu'en les abandonnant il s'exposait à mourir sur la mer ou bien dans un pays étranger, privé de tout secours : « que je serais heureux s'ecria-t-il d'avoir le même sort que mon glorieux patron ! ». Et après quelques conversations sur le même sujet, il entra dans un profond ravissement qui le rendit immobile sur sa chaise : cette extase dura environ cinq heures....) (1)

La ville de Toulon, possédait alors un couvent de religieuses de la Visitation, fondé en 1634 il était devenu en peu de temps un modèle d'édification, l'abbé

---

(1) Cette lettre est conservée à Marseille dans la bibliothèque de M. le comte de Clappier.

Deydier, leur donna une retraite pendant son séjour dans sa patrie. Bien des années après relégué au fond de l'empire Chinois, il n'oublia pas l'édifiante maison de la Visitation.

Le moment du départ pour la Chine arriva, le jeune Deydier fut reconduit par son frère jusqu'au Brulé, hameau situé près du Beausset, où avant de se séparer les deux frères prirent ensemble un dernier repas. Pendant qu'ils étaient à table un peintre placé dans une salle voisine par une ruse pieuse de la famille, esquissa le jeune missionnaire, la seule image qui ait jamais été tracée.

Après quatre mois de voyage, l'abbé Deydier débarqua à Alep, il traversa en un mois les déserts de l'Arabie et arriva le 14 mars 1661 à Bagdad après de longues souffrances. Mais il méprisait toutes les douleurs physiques, les racontait avec gloire et ne s'occupait que de considérations de l'ordre spirituel.

Ainsi il écrivait de Bagdad « Un de nos principaux privilèges et de pouvoir délivrer tous les lundis de l'an une âme du purgatoire *per modum suffragii*, c'est pourquoi ne manquez point de m'apprendre la mort de nos parents ou amys pour que je puisse garder l'ordre de la charité et commencer premièrement par eux.... »

La caravane arriva au milieu d'une tempête de siroco ou Khamci, terrible vent du désert. Le 9 juillet de la même année, nos missionnaires entrant à Ispahan, l'abbé Deydier écrivit de cette capitale de la Perse : que les Portugais avaient reçu ordre d'emprisonner tous les français et que les Hollandais ne faisaient pas tant de cérémonies, car ils les empoisonnaient dès qu'ils les avaient et que trois gentilshommes français avaient été naguère tués ainsi. Pendant son séjour à Ispahan, il n'oublia pas les religieuses de la Visitation de Toulon; sa lettre est un véritable et bref sermon sur les devoirs de la vie religieuse. Le 15 mars 1662 une lettre datée de Masulipatnon annonçait à la famille Deydier que leur fils y était arrivé. Cette ville était le principal port du royaume de Golconde sur la côte occidentale du golfe de Bengale.

On lit dans cette lettre : (.... La pluspart des habitants de ces terres sont gentils comme les chinois et c'est une chose déplorable de voir les superstitions dans les quelles ils vivent ils en ont tant pour leur manger que cella est pitoyable Ils ne peuvent rien manger sans se laver tout le corps Ils ne veulent pas ce qu'a toucher un Franc.... Ils ont leurs pagodes d'une fort riche structure en quelques endroits et ils sont bien misérables en d'autres. Ils ont dans les chemins des autels dressés, leur Dieu, porte des cornes et il est horrible à voir. ..... »

A la même époque, il écrivit à M. Isnard, chanoine de Toulon : « J'ay rencontré icy un Tolonois, qui est M. Martinot fils de mademoiselle de Souliers et neufveu de M. Martinot, le procureur de l'admirauté. Il va faire un voyage avec un vaisseau anglois et quoy qu'il soit bon garçon néant moins il n'est pas encor guère riche..... »

En 1666, il arriva à Siam et la même année il parvint enfin au Tonquin, voici comme il s'exprime à ce sujet dans un rapport adressé à S. G. Monseigneur l'évêque d'Héliopolis (1)

« Je vous fais savoir de quelle manière j'estois partis de Siam, au mois de juillet 1666, déguisé en matelot et m'étant abandonné à la conduite de la divine providence je m'estois embarqué seul dans une barque de chinois paiens.

Après 43 jours de navigation nous arrivâmes à l'embouchure de la rivière qui conduit à la capitale du Tonkin, comme nous allions contre le courant de l'eau nous ne pumes gagner la ville roïale qu'en 15 jours le 4me jour après mon arrivée étant encore dans le vaisseau parce que je n'avais pas obtenu permission de descendre à terre, il m'arriva un accident

---

(1) Lettres des missions : Paris, 1670 V., Tome II, page 194.

assez curieux, m'étant apuié la teste contre le grand mast pour faire mon oraison, un coup de tonnerre vint frapper ce mast et le brisa en pièces jusques à l'endroit ou j'avais la teste apuiée, ce qui me causa un si grand étourdissement, que j'en fus jetté par terre, le visage contre le pont du vaisseau cependant n'en ayant reçu aucune blessure je me relevai et je rendais grâce à Dieu de m'avoir sauvé de cet accident.. « (1)

Le 27 Juillet 1668, il écrivit du Tonquin à plusieurs de ses amis ecclésiastiques, qui se trouvaient à Toulon « Je vous escrits rien en particulier de cette mission, nos messieurs de Paris à qui j'envoy une copie de mon journal depuis novembre dernier jusques à présent, auront soiny de vous faire part de tout ce qui est à propos de faire connaître au public... Je ne scay si je ay dit que l'an passé j'ai visité 3 ou 4 esglises ou il y a plus de liberté et plus de moyens d'y estre caché qu'ailleurs. Je confesseray en un mois près de 2 mille personne et en batyserai plus de cinq cents en une seule matinée. »

Dans le courant de l'année 1669, il eut le bonheur de convertir au christianisme trois des plus illustres personnes du pays. Il fit part de cette bonne nouvelle aux directeurs des missions Etrangères à Paris.

Arrêté et mis en prison par suite de la conversion de ces trois personnes, il écrivit à son frère le 14 janvier 1671 et lui fit part de toutes ses souffrances. Nous transcrivons cette lettre très intéressante. « Tant pour rendre le respect que je vous dois que pour vous faire quelque part de la bonne fortune qui m'est arrivée cette année derniere donc j'ay eu l'honneur de passer deux moys et demy les pieds renfermez dans un morceau de grosse chaisne de fer d'une palme de long de recevoir de bons coups qui m'ont empêché la libre respiration environ deux

---

(1) Toutes les lettres qui vont suivre sont datées de la capitale du Tonquin.

mois, d'avoir esté tout comme notre aymable sauveur attaché à une colonne, les bras liez très estroittement derrière le dos, et enfin d'avoir este expose ces deux mois et demy là dans un meschant taudis de paille ouvert de tous costes sur un grand chemin avec un placard diffamatoire planté tout audevant de moy pour me faire avoir quelque part aux grandes ignominies et confusions que nostre adorable maistre a souffert sur la croix et dans tout le cours de sa passion. Voyla de grandes faveurs pour un misérable pécheur comme moy. Je vous conjure d'en rendre de particulières reconnaisances et de vous lier au bon Dieu pour moy et au nom de toute votre famille. »

Outre le titre de missionnaire apostolique, que l'abbé Deydier avait coutume de mettre ne signant les lettres, il ajouta pendant tout le temps de sa captivité celui de Victus Christi.

Le 24 octobre 1675, il écrivit à ses amis de Toulon, messieurs les chanoines Larmedieu et Cabasson »... Nous ne sommes icy de missionnaires d'europe que Monsieur de Bourges et moy avec sept prêstres naturels tous de très bons et évangéliques ouvries et environ 40 clercs acolythes. Les baptesmes que cette année notre clergés a fait se montent à 8.832, les absolutions à 55,442, les communions à 38,037, les extrêmes onctions à 116 et les mariages à 318 ... »

En lisant ce compte rendu des travaux d'une seule année, l'on pourra comprendre l'activité qu'ont dû déployer ces intrépides ouvriers de l'Evangile, qui n'avaient trouvé en arrivant dans ce pays qu'un millier de chrétiens persécutés par un roi superstitieux et jaloux. Depuis la lettre que nous avons citée ci-dessus jusqu'à celle du 27 décembre 1677 (où il rend encore compte des résultats obtenus pendant cette année), toute sa correspondance adressée en grande partie à son frère, ne contient que des détails sur différentes affaires de famille.

La chrétienté de cette partie de l'empire chinois allant toujours croissante, grâce aux bénédictions que Dieu voulait bien accorder aux travaux de ces infatigables apôtres, des séminaires, qui devinrent très florissants y furent établis, car le nombre des prêtres européens ne suffisait plus.

La Cour de Rome, informée par la Congrégation de la Propagation de la Foi de tous les besoins de ce pays naissant au Christianisme, acquiesça à la demande faite par les Directeurs du Séminaire des Missions Etrangères et Sa Sainteté créa le Tonquin vicariat apostolique, et mit à la tête de ce nouveau diocèse l'abbé Deydier, avec le titre d'évêque *in partibus infidelium* d'Ascalon.

Cette nouvelle lui parvint par une lettre de félicitation que lui envoya Monseigneur Pallu, évêque *de partibus* d'Héliopolis et qui résidait à Siam.

Pendant quelque temps, l'abbé Deydier cru que son humilité lui faisait un devoir de ne pas accepter cette charge et écrivit à Monseigneur l'évêque d'Héliopolis pour le remercier du choix qu'il avait fait en le proposant à la Cour de Rome pour gouverner le vicariat du Tonquin. Toutes ses démarches furent inutiles, il dut accepter. Un peu avant son sacre qui eut lieu le 21 décembre 1682, il fit part à sa famille de son nouveau titre.

Quoique éloigné, Monseigneur Deydier, n'oubliait pas ses neveux. Aussi à peine eut-il appris que sa belle-sœur avait l'intention de mettre ses fils au collége de Marseille, qu'il lui écrivit pour l'en détourner disant que l'éducation faite sous les yeux paternels et par un instituteur pieux valait beaucoup mieux.

Monseigneur l'évêque d'Ascalon, toujours souffrant depuis surtout son emprisonnement, était obligé de passer une partie des hivers sans pouvoir agir; aussi atteint d'une douleur de jambe pendant le mois de décembre 1681, il composa une épitaphe qui fut placée sur le tombeau de Monseigneur de Pingre, évêque de Toulon et enterré dans le cimetière des esclaves qui se trouvait dans cette ville. (1) Voici cette inscription :

Captivum corpus captivos inter inesse
Pingreus voluit, quod sibi carcer erat.
At libera ad cœlos ascendit mens corpore mortis,
esse loco debent omnia quippe suo.
Sed cam captivos, veniet qui duxit in altum :
è mortis liberum carcere corpus erit
hœc quicumque legis captivum destine corpus ;
ut sis in æternum corpore mente liber.

A partir de l'année 1683, la santé de Monseigneur Deydier alla toujours s'affaiblissant ; le 10 décembre 1685 il écrivait à son frère :

« J'ay esté incommodé presque toute cette année icy de douleurs de jambes, de suffocations du cœur et d'un grand dégoust de tous les mangers du pays. Je pensois quelques fois que sçaurait esté un grand festin pour moy que d'avoir la portion de pain bis que j'ay vu autre fois donner aux esclaves des galères. Dieu me fasse la grâce de me donner un semblable degoust pour toutes les choses de ce monde et que n'ayant pas de pieds à faire bien du chemin j'aye au moins des aisles comme celle que David désirait quand il disait : *quis dabit mihi pennas sicut columbo et volaboet requiescam.*

« Cette église a souffert beaucoup cette année icy une cruelle persécution. Dieu merci elle se ralentit un peu ... Je vous envoye la presente par 4 voyes la 1er de ma main en droiture par un vaisseau d'Angleterre, elle vu dans le pacquet de la Compagnie, la 2 copie par la Hollande la 3 ira par Madrast et de

---

(2) Monseigneur Pingré avait été déposé dans ce cimetière pour obéir à sa dernière volonté.

là par l'Angleterre la 4 par Siam un vaisseau de France s'il y en vient. »

L'année suivante, il écrivit à son frère : « Il y a je pense 4 ans asteure que je n'ay reçu aucune de vos cheres nouvelles si vous aviez tant tardé de recevoir les miennes je pense que vous m'auriez desjà fait passer au memento des défauts. Je ne l'ay pas pour-ainsi de vous, car vous avez tous les jours place dans mon memento des vivans. Je ne croyais pas arriver à la fin de cette année parce que depuis le commencement de l'esté dernier j'ay estté incommo-de d'un certain degoust de tous les mangers que j'en suis devenu fort moigre et si faible des nerfs que je ne pouvois pas me tenir de bout n'y rien prendre avec mes mains. Pendant 4 mois et demy je n'ai pu célébrer la messe, je commence a estre asmatique ou court d'halaine en sorte que quelque fois je ne puis pas célebrer la sainte messe qu'en prenant halaine de 3 en 3 mots ; ma barbe est déjà devenue toute blan-che quoyque je ne fasse que de commencer ma 54 année tout cela sont des avant-coureurs de la mort. Dieu me fasse la miséricorde de me faire bien mou-rir à toutes choses pour vivre dès à présent unique-ment en luy et pour luy.

« Que font nos chers neveux vous donnent-ils et a leur bonne mère quelque consolation en reconnais-sence de la peine que vous avez pris de leur éduca-tion le 3me est donc anrolé dans le regiment de la marine le 4me est entré au séminaire d'Aix. »

Cette lettre est l'avant dernière qu'il écrivit à son frère. Car la persécution qui avait cessé pendant quelque mois reprit dans le courant de l'année 1689 : le roi de Siam, ami et protecteur de la religion ca-tholique venait de mourir, son successeur ennemi acharné des chrétiens, suggéra cette nouvelle oppres-sion qui devait enlever à l'église un de ses plus actifs ouvriers et au Tonquin son bien-aimé évêque.

Monseigneur Deydier, apprenant que plusieurs missionnaires venaient d'être jetés dans les cachots, obeit à son cœur d'apôtre et quoique infirme, il quitta son diocèse pour voler au secours de ce troupeau privé de pasteurs.

Accompagné de deux prêtres, il consola ces chrétiens éplorés et leur prodigua toute espèce de soin. Il exerça ainsi pendant près d'une année son zèle infatigable. Mais ne pouvant plus continuer son apostolat il écrivit une lettre qui devait être la dernière qu'il adressa à sa famille : (... Je pense que le bon Dieu veut me disposer par tous ces avants-coureurs, à ce jour redoutable que les plus grands saints ont appréhendé. Nos Seigneurs les cardinaux de la Propagande semblent entrer dans ce sentiment, nous avons écrit pour qu'on leur proposât ceux qui dans notre clergé peuvent plus dignement occuper notre place).

Monsieur de Lionne, missionnaire apostolique, fut nommé par la Propagande, évêque in partibus de Rosalie et coadjuteur du vicaire apostolique du Tonquin et de Siam. A cette nouvelle Monseigneur Deydier retourna dans son diocèse et revit avec joie son cher troupeau.

Au commencement de l'année 1693, les souffrances physiques qui, comme nous l'avons dit plus haut, avaient déjà affaibli la santé de ce pauvre évêque, augmentèrent et il vint un moment où il dut complètement abandonner l'administration de son diocèse et la remettre entre les mains de son coadjuteur Monseigneur l'évêque de Rosalie.

Pendant la courte maladie qu'il fit avant de mourir, il offrit l'exemple de la plus grande résignation et jamais il ne sortit de sa bouche une parole d'impatience. Cet infatigable ouvrier de l'Evangile, rendit son âme à Dieu avec la tranquillité d'un juste qui va recevoir la récompense de son travail. *Mortuus est in senectute bonâ, plenus dierum et gloriâ.* Deux prêtres et quelques fidèles furent les seuls témoins de cette belle mort.

Le lendemain ses restes furent déposés sans appareil à l'ombre de l'arbre de la rédemption, en attendant le grand jour de la résurrection.

Je n'ai dépouillé les lettres inédites de ce saint évêque, que pour en extraire la moelle et le suc et pour montrer que, par le sacrifice et l'abnégation, l'on peut arriver à ramener au sein de la civilisation chrétienne des peuples idolâtres.

Heureux, si j'ai pu faire revivre le souvenir malheureusement trop peu gardé de cet enfant de la Provence qui fut le premier évêque de Tonquin et qui appartient à une illustre famille consulaire de Toulon (1). Comme nous l'avons dit au commencement de cette biographie, nous allons donner quelques extraits de l'intéressant *livre de raison* du bailli Deydier et pour ne lui rien enlever de son originalité nous l'offrons au lecteur dans la même langue qu'il a été écrit.

LA INTRADA DEL REY DE SPANHA ET LA REYNA SA MOTHER EN THOLON.

L'an 1506, et dimecres, a 22 del mes de septembre de vespres, intret lo rey d'Espanha et la Reyna sa molher, filha del conte de Foys, ambe grande armado de galeras et de naus, et son requilhit en Tholon honorablement per monsenhor lo Bastart de Savoyha et altres senhor, como lo Rey nostre senhor avie comandat, et dormi uny vespre à Tholon à l'evescat, et, lendeman de matin sen partiron ambe l'armada per ana al Rialme de Naples.

Et nos anen veser larmada de nostro darbosson ambe las damas de Olliol et de Buelh.

---

(1) Pendant l'espace de trois siècles, cette famille a fourni à la cité de Toulon dix consuls. Elle est unie par les liens de mariage aux familles Fauchier, Saurin de Toulon, de Boutiny d'Hyères, d'Aurran de Cuers, Leblanc de Castillon, etc.

CONSECRACION DE NOSTRA GLEYSA DE SANT-LAURENS D'OLLIOLL.

L'an mil sinc cens et des et sept et la joit vint et dos del mes de juillhet, que fon mecres et son lo joit de la festa de la Maria Magdalena, de matin, en la dich luoch d'Ollioll lo B. P. en Dio l'evesque de Troyha appelat frayre Johan Colombi freyre menor evesque *portatien* ambe granda solemnitat, a consayrat la dicha gleysa et quatre autars de aquella, soes : l'autar de Sant Laurent, l'autar Nostra Dama, l'autar de Sant Johan et l'autar de la Nunciada.

Et a herdonat què dora avant chascun en la dich joit de la Magdalena la gleysa sive los capellans en fossent commemoracion et office et que totas personnas que visitaran la dicta gleysa la dict jort a donat cent jort de pardon et houssi a caseum jort de sant Laurent, de Nostra Dame, Sant Johan et la Nunciado ho jors de pardon come consta l'instrument public propreuman de M. Raynaut Oudelhat notaire de l'evescat.

LA DEYME.

Segon si las part que si fan del deyme d'Olliollas (ant blat, sivada, grosso blas, liomes (légumes) et sebas.

Premiorament. De totas las causas sobra dichas Monsenhor labat de sant Victor en pren lo cart et aco fach, de soque resta s'eu fan doas pars, deque lo prior d'Olliollos a luna pars et de l'autre pars se fan doas pars et de que monsenhor de Tholon na una part et luech clergues beneficias an entre tos lautra mitat declarant que otant an los dich huech beneficias entre tos corne lo dich senhor de Tholon. L'abat de Sant Victor de Marseillo a locart del vin Monsenhor de Tholon na dos mhues que son XVI milhryrollas.

Lo prior de la gleysa d'Olliolla a lo resto

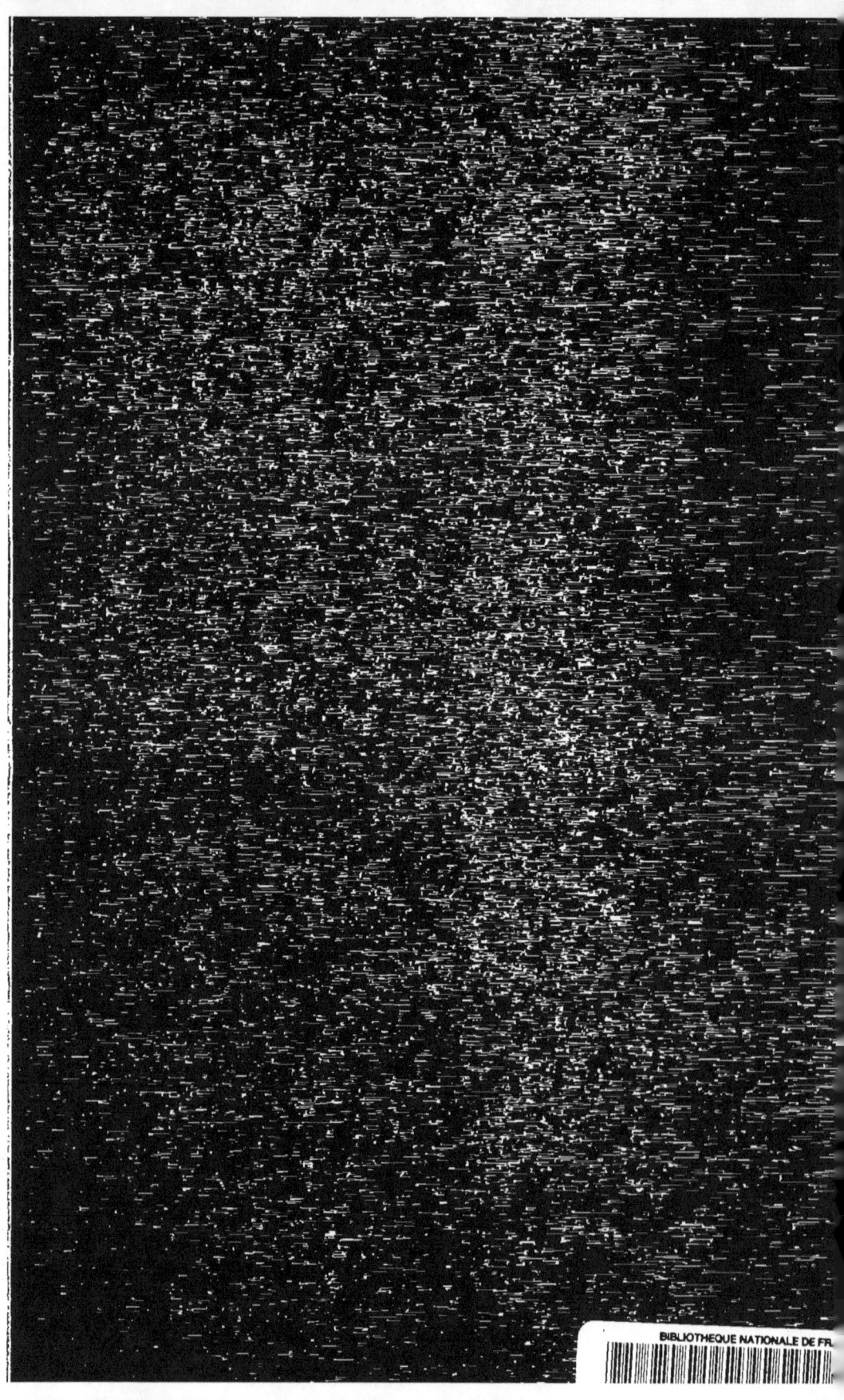

www.ingramcontent.com/pod-product-compliance
Lightning Source LLC
Chambersburg PA
CBHW060633050426
42451CB00012B/2575